Inhalt

Darf ich gleich am Anfang die Zielvorstellung meiner Überlegungen mit einer gewissen Bescheidenheit umreissen: Es geht mir nicht um eine erschöpfende theologische Darstellung des Themas «Kirche». Ich will und kann nicht ein Konzentrat eines Abschnittes der Theologie «De ecclesia» bieten. Ich gehe von etwas anderem aus als der Theorie: von dem Bild, das heute die Menschen, die Gläubigen, die Nahestehenden und Fernstehenden von der Kirche im Herzen haben. Und ich brauche nicht anzumerken, dass wir damit auf ein Thema stossen, das für sehr, sehr viele Menschen alles andere als problemlos ist.

Das Bild der Kirche, mit dem ich als Achtzehnjähriger in die Gefängnisse der Gestapo und dann in die Schützengräben gegangen bin, war intern weitgehend problemlos, obwohl damals die Kirche von aussen in Frage gestellt und verfolgt wurde. Das Bild von Kirche, das viele von uns mit dem Erwachen des II. Vatikanums erlebt haben, war zwar nicht problemlos, aber es hatte etwas Strahlendes. Ich kann mich noch erinnern, wie unser ja äusserst kritisch denkender Bischof Paulus Rusch vom strahlenden, zukunftsgerichteten, gegenwartsbezogenen Bild dieser Kirche angetan war und das bei jedem Bericht über die Sessionen weitergegeben hat. Ich muss auch gestehen, dass ich in den langen Jahren des Religionsunterrichts, der Predigt und der Lehrerausbildung nach dem Konzil ein Kirchenbild erfahren und erlebt und wohl auch ein wenig weitergegeben habe, das gerade auch in der Auseinandersetzung mit den für meine Tätigkeit aktuellen Humanwissenschaften durchaus nicht mit Leid- und Minderwertigkeitsgefühlen belastet war. In der Öffentlichkeit war die Kirche noch etwas getragen vom Bonus des Widerstands in der NS-Zeit. Und in der eigentlichen Seelsorge hat man doch den Aufbruch der Pfarrei, die Mitverantwortung der Laien, ein vielfältiges Engagement auf allen Gebieten erlebt; und die Einseitigkeiten und Gefahren, die natürlich auch damals da waren, haben das Kirchenbild in den Herzen doch nicht so verdunkelt und belastet. Etwas anderes war es sicher in jenen Kreisen, die die Veränderungen des Konzils nicht recht verkraftet, die manchen Veränderungen fremd gegenübergestanden und so etwas wie eine Heimat selbstverständlicher und liebgewordener Form jäh und plötzlich verloren haben. Aber im ganzen gesehen war das Kirchenbild durch eine lange Zeit hindurch bei den Menschen, die sich mit Kirche identifizierten, doch eigentlich positiv.

Das ist anders geworden. Ich gehe jetzt nicht auf die Gründe ein, warum das so ist, darüber ist oft und viel geredet worden, und es ist sicher auch notwendig, darüber zu reden. Ich gehe davon aus, dass auch bei den innersten Kreisen beim Wort «Kirche» Gefühle wie Reserve, Vorbehalt, Distanzierung, Entfremdung, Schmerz, Leid, Betroffenheit,

Verunsicherung und Nichtverstehen Platz greifen. Das Wort «Kirche» verdunkelt bei vielen in den Seelen. Viele spüren – wenn schon nicht die Versuchung des Verlassens, die sich ja auch zeigt, so doch – die Versuchung des Aussteigens aus dem kirchlichen Engagement. Am lebendigsten und erwiesenermassen überzeugendsten wird «Kirche» unter Umständen im Kleinklima einer lebendigen Pfarrei oder Gruppe erlebt (alle Untersuchungen bestätigen dies), aber diese Bejahung gilt der Nische, nicht dem Grossen, Weiten. Das Bild der Grosskirche ist verblasst.

Und mein Anliegen wäre es, dass wir, soweit es auf uns ankommt, doch auch in der Verkündigung, im Setzen von Schwerpunkten und Akzenten positiv etwas tun für ein *lebendiges, krisenfestes* Bild der Kirche. Österreich baut in Bangladesh viele Cyclon-Shelters, Zentren, die allen Springfluten und Überschwemmungen und Stürmen Trotz bieten. Das Bild der Kirche in unseren Herzen müsste etwas von der Stabilität eines Cyclon-Shelters haben.

Und da scheint es mir, dass es heute ja gar nicht so einfach ist, wirklich herzerwärmend von «Kirche» zu reden. Es wird ja fast immer nur sehr einseitig von «Kirche» gesprochen. Man hat gewisse Klischees, die durch Mittelschulklassen genauso schwirren wie durch Gespräche an der Strassenecke und durch Club-2-Debatten unterschiedlichen Niveaus.

Diese Kirchenbilder sind einfarbig, Simplifizierungen, Reduktionismen, sie sind schnell bei der Hand, aber sie sind verarmt und damit falsch. Das lebendige Kirchenbild muss darum ein Anliegen unserer Verkündigung sein. Und das Bild der Kirche Christi kann man nicht mit *einer Farbe malen.* Und darum habe ich mich daran erinnert, dass uns doch von der Kunst des Druckens und der Reproduktion von Kunstwerken her der *Vierfarbendruck* bekannt ist. Nur die vier übereinandergelegten Schichten ergeben das lebendige, ansprechende Bild.

1. Der Blaudruck

Mit der kühlen Farbe des Blau möchte ich im Kirchenbild das *Institutionell-Hierarchisch-Juridische* umreissen. Leider haben viele *nur* diesen Komplex im Auge, wenn sie das Wort «Kirche» sagen oder hören. Damit meinen sie Hierarchie, Autorität, Organisation, Vollmacht, Recht, Gliederung, Würdestufen, Weisung, Zuständigkeit, Kompetenz, Paragraph, Disziplin, Gehorsam, Loyalität, Verbindlichkeit, Ordnung... Ich zähle das so auf, wie es in der Mentalität der Menschen, auch sehr vieler Menschen in der Kirche, vorherrscht.

Nun steht ausser Zweifel, dass die meisten Schwierigkeiten mit dieser Seite der Kirche bestehen. In einer satten und von vielen Selbstverständlichkeiten geprägten Gesellschaft haben es Institutionen überhaupt schwer. Man empfindet sie als nicht so notwendig, das Leben läuft auch so – zumindest dem oberflächlichen Empfinden nach. Ein allgemein aufbrechender starker Individualismus (vielleicht ein verständlicher Gegentrend zur Massen- und Manipulationsgesellschaft) tut das Seine dazu. Und so glauben heute manche, die Blauschicht im Vierfarbendruck der Kirche entbehren zu können. Aber abgesehen davon, dass damit das Bild der Kirche eine Weichzeichnung der Unverbindlichkeit wird – wir dürfen nicht vergessen, dass auch die Blauschicht in ihren grossen, fundamentalen Zügen auf den Herrn zurückgeht. Er wollte ein Amt, und er wollte Lehre und Leitung in menschliche Hände übergeben. Dass in diesem Bereich das Hineinwachsen der kleinen pfingstlichen Gemeinde in Jerusalem in eine umspannende Weltkirche einen Ausbau dessen erforderte, was man Institution nennt, ist ebenso selbstverständlich. Und dass in dieser Entfaltung Unvergängliches und Vergängliches immer wieder auseinandergehalten werden muss, ist auch klar. Aber der Satz «Christus ja, Kirche nein!», der manchem Verbitterten leicht über die Lippen kommt, ist trotzdem falsch, so falsch wie der Satz: «Mozart ja, seine Musik nein!»

Auf der anderen Seite müssen wir heute in der gesamten Seelsorge beachten, dass die Kirche als Institution und Amt glaubwürdig bleibt. Es genügt wirklich nicht, ständig mit der Blaupause von der Kirche herumzufuchteln. Und so ergibt sich für uns alle, erst recht für Amtsträger und Autoritäten in der Kirche, die Verpflichtung zu einem behutsamen Umgang mit der Autorität. Zu dieser Behutsamkeit ruft uns der fusswaschende Jesus sozusagen noch in seinem Testament auf: Die Glaubwürdigkeit der Autorität (und damit der «Amtskirche») ist zutiefst verbunden mit dem *dienenden* Charakter aller Autorität in der Kirche. Das dienende Amt muss in der Lehre ein *verweisendes* sein, d. h., die Menschen müssen den

Eindruck haben, dass es ihm wirklich allein um den Willen und die Wahrheit des Herrn geht.

Wenn man Autorität in der Kirche für alles und jedes strapaziert, unterschiedslos, ob es um Wesentliches oder Unwesentliches geht, dann wird man eben die Glaubwürdigkeit strapazieren. (Wenn ich im Fernsehen angegriffen werde, weil ich – in einer Bitte an die Bildungshäuser meiner Diözese – schon vor Jahren ersucht habe, einen Autor nicht mehr einzuladen, dann ist mir dieser Angriff deshalb gleich, weil es hier eindeutig um eine Kernfrage des Glaubens ging: Wir sind nicht erlöst, weil die Auferstehung ein psychotherapeutisch oder psychologisch verwertbares Symbol ist, sondern *weil Er wirklich auferstanden ist.* Da ist das Lehramt wirklich gefordert.)

Ein dienendes Amt kreist nicht um sich selbst, sucht die Wahrheit Christi, trägt eine gewisse Nüchternheit, schwebt nicht auf Würdewolken, strahlt mehr Vertrauen aus als Ängste, ist mehr beim Überzeugen und Motivieren und Mutmachen akzentuiert als beim autoritativen Fordern und Regieren. Gewiss braucht es auch das Zweite, aber der Akzent ist massgebend. Das dienende Amt öffnet die Türen und haut sie nicht zu, und es lässt mitarbeiten, es reisst nicht alles an sich.

Mit diesen Einstellungen können wir die Vorbehalte gegenüber der Blauschicht in der Kirche vielleicht mildern oder überwinden.

Wenn die gegenteiligen Akzente herausgestellt werden, wird sich der Kirchenfrust auf breiter Ebene verstärken.

2. Der Rotdruck

Über das Blau der Institution muss das Rot des Geistes gelegt werden. Es ist die *biblisch-theologisch-mystische* Seite der Kirche. Sie kommt bei vielen, vielleicht auch bei uns Amtsträgern selbst, immer wieder zu kurz.

Mit dieser Schicht taucht die Kirche auf, die aus dem Herzen des Erlösers entspringt, der geheimnisvolle Leib Christi, das wandernde Gottesvolk, das neue Jerusalem, das vom Himmel auf die Erde steigt, geschmückt wie eine Braut. Es ist die Kirche, die vom Geheimnis der Altäre lebt, vom Walten des Geistes, von den geflüsterten Worten der Verzeihung, von den Wassern der Taufe, von den heiligen Gesten und Gesängen der Liturgie. Es ist die Kirche der schweigenden Kreuzgänge und der hohen Dome, die Kirche, die in der Schrift sucht, die das Wort verkündet, die in den Bibliotheken forscht. Es ist die Kirche der Beter – und vor allem – der Leider. Es ist die Kirche, in der die Quellen strömen, in der die Brunnen der Gnade rauschen, beständig und unverdrossen, von Zeitalter zu Zeitalter. Wie die grossen Quellen der Heimat, die aus den unsichtbaren Kammern der Berge gespeist sind, so sind die Quellen dieser mystischen Kirche gespeist aus den unerschöpflichen Vorräten des göttlichen Heilswillens. Es ist die Kirche, die die Künstler ertasten, die durch Gesänge und Weisen und Instrumentenklang bebt, die durch barocke Stukkaturen und romanische Kapitelle jubelt. Es ist die Kirche, die in den Visionen der grossen Theologen ersteht, die mit Rosenkränzen über die Wallfahrtswege wandert, die hoffend an den Gräbern tröstet und die in den Herzen der Heiligen brennt.

Was ist der kühle Blaudruck ohne das Rot dieser mystischen Kirche des Geistes? Wir müssen darauf achten, dass wir bei der Verkündigung und Verwirklichung des Kirchenbildes diesen Rotdruck nicht vergessen, der sich so selten in die Zeitungen und Fernsehdebatten verirrt.

Was erhebt sich für ein Appell an uns, die Verkünder, damit dieses Rot des Geistes durch unser Wirken leuchtet und nicht verlorengeht? Ich glaube, so wie gegenüber einer falschen und zu harten Tönung des Blau der dienende Charakter von Amt, Würde, Autorität und Gesetz ins Auge gefasst werden muss – so wäre gegen ein zu blasses Rot im Vierfarbendruck der Kirche unbedingt jene Forderung grosser Geister ernst zu nehmen, die da gesagt haben, die Kirche der Zukunft müsse eine mystische sein, oder sie werde Schaden nehmen. Hier wird die Aktualität von Gebetsgruppen, geistlichen Übungen, Wallfahrten, Bibelkreisen und nicht zuletzt das Mühen einer tiefen, gott- und lebensbezogenen Frömmigkeit aktuell. Und in diesem Trend begegnen sich heute die Visionen grosser Theologen wie eines Karl Rahner und ein breitgestreuter «sensus fidelium». Die Strassen in die Tiefe sind in der Kirche belebter als früher…

3. Der Gelbdruck

Die dritte Farbschicht im Vierfarbendruck, der das rechte Bild der Kirche wiedergeben soll, ist heller Art. Darum wähle ich dafür die Gelbschicht. Es ist die *gemeindlich-offene, geschwisterliche, pastorale* Kirche. Es ist die Kirche, die in die dunkle Welt ein wenig Helle bringen will. Es ist die Kirche, die Hilfestellungen fürs Leben bietet, die den grauen Nebel der Vereinsamung zerreisst und den Smog der Hoffnungslosigkeit durchbricht. Erst dieses Gelb macht – wie beim Vierfarbendruck – zusammen mit dem Blau das Grün der Hoffnung!

Diesen Farbton hat das Konzil kräftig aufgetragen. Wir spüren im Alltag ganz deutlich, dass das Vorhandensein dieses Farbtons ganz wichtig ist, damit der Mensch zur Kirche ja sagen kann. Und es zeigt sich immer wieder, dass Kirchenentfremdung gemildert wird, wenn jemand mit diesem strahlenden Gelb irgendwie in Berührung gekommen ist. Das sagen auch einschlägige Untersuchungen über die Frage, wo und wie der Mensch heute Kirche positiv erlebt.

Jedesmal, wenn ich von einer Visitation einer Gemeinde komme, habe ich etwas von diesem hellen Schimmer abbekommen. Kürzlich: Um 9 Uhr Besuch im Kindergarten – ein liebevolles Engagement dieser jungen Kindergärtnerinnen, dass man ganz betroffen ist von so viel pädagogischer Klugheit, religionspädagogischem Takt und menschlicher Wärme und einer Fülle von Einfallsreichtum und schöpferischen Ideen. Am Nachmittag, beim Besuch der Alten und Kranken der Gemeinde, erlebe ich, was die Vinzenzgemeinschaft bedeutet, die in der ganzen Region Essen auf Rädern bedient, so dass Gemeinde und Land gerne die Kosten übernehmen, weil die freiwilligen Leistungen der Vinzenzgemeinschaft (z. B.

alle täglichen, kostenlosen Chauffeurdienste) die Gesamtkosten gewaltig herabsetzen. – Danach eine Gruppe erwachsener Behinderter mit ihren Eltern und Verwandten, die in der Organisation «Glaube und Licht» betreut werden. Die Firmlinge der Pfarrgemeinde spielen ihnen eine Pantomime. Eine Amnesty-Kirchengruppe trifft sich etwas später, die gerade mit Tausenden von Karten einem bedrohten Bischof in Afrika zu helfen sucht. Eine bunte Versammlung: Lehrerin, Geschäftsmann, Computerfachmann, Musikdirektor und Universitätsprofessor, Handwerksmeister und Klosterfrau. Wer solches Engagement mitmacht und hie und da dann auch einen schönen Erfolg erlebt, der ist gegen Kirchenfrust sicher besser gefeit. Der helle Glanz der geschwisterlichen Gemeinde hat ihn gestreift...

Und was ich im kleinen erlebe, erfahre ich als Referatsbischof der Caritas im grossen. So sind die Abgesandten der

Caritas Innsbruck aus Bangladesh zurückgekehrt, wo wir zusammen mit Südtirol derzeit 17 Millionen Schillinge verbauen – Sicherheit für Zehntausende.

Hier sind Aktivitäten aufgebrochen, die man früher in dieser Form weder kannte noch durchführen konnte. Hier wächst die offene Kirche, in der Enge und Ghettomentalität abgebaut wird, wo ein neuer Wirklichkeitssinn wächst, eine Kultur des Miteinander und ein Einüben des Gesprächs und des Verstehens. Das Gelb wird sichtbar, wo immer man sich dem Menschen und dem schlichten Helfen öffnet. Wo die tausend stillen Einsätze laufen. Da wird ein Fonds gegründet, mit Hilfe dessen gewiegte Fachleute verschuldete alleinstehende Mütter aus der Verschuldung befreien und die Banken mit Teilrückzahlung zu bedeutenden Nachlässen motivieren. Der helle Kirchenfarbton leuchtet auf, wo man sich des Flüchtlings und des Unterprivilegierten annimmt, wo man die familienstützenden Massnahmen verbessert und verfeinert, wo man sich den Katastrophen der Erde entgegenwirft, wo man in der Pfarrei die Kontakte über Nachbarschaft und kleine Kreise knüpft. Was ist es für eine Einseitigkeit an Kirchenkritik, wenn diese hellen Gelbtöne, die eine Stärke unserer Epoche sind, einfach weggelassen werden! Viel Blau und ein bisschen Rot gibt nur ein dunkles Violett, die Farbe der frommen Kirchenjammerer, die in unserer Epoche der Kirchengeschichte nur Sünde und Verfall wittern. Aber andererseits: Wer sich mit dem Gelbton allein begnügt, malt auch ein Kirchenbild, das sich vom Untergrund zuwenig deutlich abhebt: Sein Kirchenbild erschöpft sich dann in Humanität, Aktionismus und verliert sich unter Umständen in einer reinen Weltverbesserei.

Was diese Gelbschicht für unser pastorales Wirken bedeutet und welchen Akzent sie erfordert, brauche ich nicht länger auszuführen. Zeitgemässe Gemeindearbeit und Seelsorge *ist* dieser sonnenfarbene Gelbton.

4. Der Grau- oder Schwarzdruck

Diese Schicht gibt dem Bild die unverwechselbaren Konturen, die Schatten und die besonderen Lichter. Man braucht sich nur einen Vierfarbendruck anzuschauen, der diese Schicht noch nicht hat, dann weiss man, was ich meine.

Diese Schicht gibt dem Bild die letzte plastische Note, das unverwechselbar Räumlich-Konkrete.

Diese vierte Farbschicht im echten Kirchenbild berührt einen Druckvorgang, den jeder selbst vornehmen muss, den ich nicht einfach hier ausmalen kann. Und doch ist er für das lebendige Gesamtbild unverzichtbar. Es ist unsere *eigene, ganz persönliche Kirchenerfahrung*. Die positive und die negative, die Kirchenfreude und das Kirchenleid, das Mittun, das Mitlieben und das Mittrauern, der Einsatz und die Arbeit, das

Engagement und die Zeit, die ich meiner Pfarrei oder meiner Schule oder meiner Organisation oder meinem Orden gewidmet habe, die Schererei mit dem Jugendlager, dem Altenausflug und die erfahrene Spannung im Pfarrgemeinderat, die Freude mit den Erstkommunikanten und der Frust mit der schwierigen Berufsschulklasse, die Beheimatung in der Pfarrei und die Enttäuschung mit irgendwelchen Vorgängen im kirchlichen Grossklima, der Schmerz über einen Abfall und die Freude über eine Heimkehr. Das alles brennt Kirche mit unverwechselbaren Konturen in unser Herz ein, mit Schatten und Lichtern. Die Dankbarkeit über einen Besinnungstag, der gut angekommen ist, oder die Befriedigung über den gut gelaufenen Basar für den Missionar in Südamerika steht eben neben dem Kopfschütteln über irgendeine Verrücktheit oder Kleinkariertheit, neben der Trauer über unnötige Polarisierungen und unwürdige Intrigen, die man hie und da erlebt. Alles gehört dazu.

Wie bei jedem guten Druck haben schlussendlich sogar die Schatten ihre wichtige Funktion. Sie machen manches deutlicher. Unser Kirchenbild braucht, wenn es vollendet sein soll, auch die dunklen Konturen der *Trotz-dem-Liebe.* Das Kirchenbild Christi war auch von ihr geprägt.

Diese vierte Farbschicht verhindert also, dass das Kirchenbild nur so ein schönes Meisterstück ist, das im Museum zur Bewunderung hängt. Das nur aus theoretischen Überlegungen und Elementen zusammengesetzt ist, dass Kirche etwas sein könnte, was man eben nur aus kühler Distanz diskutiert.

Die vierte Schicht des Kirchenbildes hat etwas zu tun mit dem tiefen Satz des Thomas von Aquin, dass *«das Alles-Erkennen selbst Liebe sein muss»,* sonst kann man eben im Vollsinn des Wortes nichts «erkennen».

Es ist mir klar, dass es nicht leicht ist, ein so vielschichtiges Problem wie das wahre, echte Bild der Kirche, das heute so oft verzeichnet wird, in kurzen Zügen darzulegen.

Bei den einen hat es einen Blaustich, bei den anderen verschwimmt es im Rot, beim dritten zerfliesst es im Gelb, beim vierten bleiben gar nur die Schatten ohne jede Farbe.

Nur alle Schichten übereinandergelegt ergeben das wahre Bild; in seiner ganzen Lebendigkeit und Konkretheit, seiner sichtbaren Realität und seinen Hintergründen:

- Das Blau der institutionell-hierarchisch-rechtlichen Kirche, das dann die richtige Nuance hat, wenn alle Autorität dienend ist.

- Das Rot der biblisch-theologisch-mystischen Kirche, das das Fluten des Gottesgeistes hereinströmen lässt und das sich uns nur erschliesst, wenn wir immer neue Zugänge zum Mysterium suchen.

- Das sonnenhelle Gelb der gemeindlich-offenen, geschwisterlichen, pastoral geprägten Kirche, die auf den Menschen zugeht und ihn dort abholt, wo er ist.

- Das Grau oder Schwarz der ganz persönlich lust- oder leidvoll erfahrenen Kirche, die Schicht, die jeder selber am Ende drauflegen muss, die Schicht der selbst erlebten Schatten und Tröstungen.

Vielleicht müssen wir bei der einen oder anderen Schicht etwas Farbe nachlegen, weil sie zu blass ausfällt, vielleicht müssen wir da und dort ein wenig dünner auflegen, weil das Bild einen Stich bekommen hat, wie ein altes Dia. Alles zusammen übereinandergelegt ergibt das Bild einer Kirche, in der man leben kann.